Connaître Albi

DANIÈLE DEVYNCK
Conservateur en chef du Patrimoine

Photographies de Jeanne Duprat

ÉDITIONS SUD OUEST

Le Pont-Vieux

La ville, alanguie au bord du Tarn, dominée par la masse fière et imposante de Sainte-Cécile et du palais de la Berbie

La couleur est l'élément qui frappe le visiteur qui arrive à Albi : le paysage urbain, très homogène, est dominé par la brique, qui dote la fière cité albigeoise d'une parure au chromatisme chaud et vivant. En l'absence de pierre de qualité, c'est en effet la terre cuite, ou crue qui, dès le XIIe siècle, devient le matériau d'élection. Depuis les maisons médiévales à pans de bois et remplissages de briques, jusqu'aux façades à l'enduit beige-ocré du XIXe siècle, en passant par les belles demeures de la Renaissance construites en briques de qualité soigneusement jointoyées, Albi mérite ce qualificatif de « ville Rouge » qu'on lui donne parfois. Il faut en outre voir les eaux du Tarn grossies par des crues d'hiver, rouler des flots boueux teintés d'ocre rouge pour bien saisir la parfaite harmonie colorée que cet emploi systématique de l'argile pétrie fait régner entre le bâti urbain et le paysage environnant. Sous la lumière vive des mois d'été, la ville se revêt de teintes flamboyantes ; la vibration de l'air surchauffé, les toits de tuiles et les silhouettes fines et sombres des cyprès évoquent alors l'Italie et la Toscane.

La brique foraine

Matériau de prédilection de la majeure partie des constructions médiévales civiles et religieuses de la ville

La singularité de cette architecture monumentale de brique foraine, la cohérence et l'homogénéité du bâti urbain ancien ont valu à la ville une reconnaissance exceptionnelle : le 31 juillet 2010, ***l'Unesco a inscrit la Cité épiscopale d'Albi sur la liste du Patrimoine de l'humanité****, déclarant* **:**
« La Cité épiscopale d'Albi présente un ensemble bâti complet et représentatif de ce type de développement urbain en Europe, allant du Moyen Âge à l'époque moderne et contemporaine. Ses éléments monumentaux et urbains sont complémentaires et bien conservés, en accords subtils de tons et d'allure par l'emploi généralisé de la brique foraine. Elle témoigne du programme simultanément défensif et spirituel mis en œuvre par les évêques chrétiens romains, à la suite de l'éradication de l'hérésie des albigeois ou cathares, au XIIIe siècle. La cathédrale Sainte-Cécile en constitue le symbole monumental le plus remarquable. La valeur exceptionnelle de la Cité s'exprime enfin par un paysage urbain médiéval bien préservé et d'une grande authenticité. »

Le palais de la Berbie

Au XVIIe et XVIIIe siècles, les évêques transforment la forteresse de la Berbie en une résidence plus aimable : la courtine qui surplombe les rives du Tarn est arasée et transformée en promenoir ombragé d'où l'on peut contempler le cours de la rivière ; des statues représentant les saisons rythment la promenade

La place de la Trébaille

Les arcades constituent les seuls vestiges du cloître qui jouxtait l'église romane élevée à la fin du XIIe siècle. Depuis cette place on peut rejoindre les rives du Tarn pour une promenade pleine de charme

Le palais de la Berbie et la cathédrale

Paysage urbain singulier depuis la rive du quartier de la Madeleine : la masse du palais de la Berbie se confond avec la cathédrale Sainte-Cécile dans un ensemble altier et imposant

La place du Vigan

Lieu central de la vie albigeoise, la place est entourée dès les années 1900 de cafés, de banques, de la Poste, ainsi que de magasins. Jusqu'à l'entre-deux-guerres, le Vigan est le rendez-vous des promeneurs qui apprécient d'y déambuler dans la douceur du climat méridional. Le réaménagement urbain achevé en 2000 a redonné à la place, animée par les multiples variations des jeux d'eau de la fontaine, sa vocation de lieu de passage, d'échange et de vie sociale ■

Le cloître Saint-Salvi

Les arcades en plein cintre de la galerie sud, la seule qui ait subsisté après les destructions révolutionnaires

Les berges du Tarn

En suivant l'ancien chemin de halage sur les berges du Tarn, on mesure la puissance des fortifications qui enserrent le palais de la Berbie

Sainte-Cécile et Saint-Salvi

Face à la cathédrale Sainte-Cécile, le clocher de Saint-Salvi et sa silhouette singulière surplombée par l'échauguette où se tenait le guetteur. On y distingue les armoiries de la ville, sans la crosse épiscopale, ainsi qu'une représentation du saint patron de la collégiale

Les origines

Le peuplement du bassin albigeois est très ancien, comme en témoigne l'outillage néanderthalien trouvé dans la région.

page de droite
Le quartier du Castelviel, au pied de la cathédrale

Un peuplement ancien

Un premier flux migratoire déferle sur la contrée au cours du IVe siècle avant Jésus-Christ : les Rutènes. Ce groupe de Celtes s'installe dans les régions situées entre l'Aubrac et les plaines du Tarn, et fusionne avec les populations antérieures. Les Romains arrivent ensuite dans ce pays rutène, qui appartient à la province narbonnaise ; bientôt privé de son indépendance, il est soumis à une romanisation plus directe. Une dernière vague d'invasion déferle enfin au haut Moyen Âge : les Wisigoths.

Le site d'Albi en lui-même n'est cependant pas occupé de façon permanente avant l'âge du bronze : de cette époque datent les objets d'un dépôt de fondeur trouvé au Castelviel, ainsi que les petits champs d'urnes répartis autour de la ville actuelle, qui attestent une activité et une présence humaine stable. Mais ce sont surtout les Rutènes qui colonisent véritablement le lieu, constitué d'un ensemble de terrasses en plateaux séparés par des vallonnements de profondeur inégale, où sourdent petits ruisseaux (le Bondidou), ou sources (celle de Verdusse). Les berges du Tarn offrent un atout important : on peut y développer une activité fluviale, d'autant plus intéressante que, par sa situation, la ville est en contact avec des zones agricoles fertiles et avec des richesses minières exploitables.

Époque gallo-romaine

Le terme de *Civitas Albigensium*, qui désigne Albi, indique que l'on se trouve en présence d'un centre de territoire, plutôt que d'une véritable ville, ce que confirme l'archéologie urbaine : en effet, aucun des vestiges habituels d'une urbanisation romaine cohérente n'a été découvert à ce jour. En revanche, on sait que d'importantes villas entourent Albi, empêchant probablement que ne s'impose une véritable cité.

LE TARN ET LA NAVIGATION

Le fleuve est une voie d'échange et de circulation des marchandises dès l'Antiquité. La navigation se fait notamment avec des bateaux à fond plat et voile carrée, les gabarres, et le pastel, le safran ou le vin sont transportés par voie d'eau. Si le courant aide les marins pour aller d'Albi à Bordeaux, le retour est très pénible et se fait par halage. Au XIXe siècle, un service de batellerie va même être mis en place pour transporter la houille de Carmaux. L'arrivée du chemin de fer signe la disparition de cette navigation.

PROMENADES EN GABARRES

- **La Cité épiscopale vue du Tarn** : départs sur les berges de juin à octobre toutes les 45 minutes entre 11 h et 18 h 30.
- **Croisières d'Albi à Aiguelèze** : départs au port de plaisance d'Aiguelèze le matin et sur les berges du Tarn à Albi le soir, d'avril à septembre (sur réservation).
- Renseignements :
  - Office de tourisme d'Albi : www.albi-tourisme.fr
  - Albi-Croisière : www.albi-croisiere.com

Le Moyen Âge

Durant le haut Moyen Âge, Albi, constituée en place forte – ou oppidum – et ceinte de murailles, occupe le plateau situé entre le Tarn et le Bondidou.

Le Pont-Vieux
L'un des plus anciens ponts de France, à l'origine construit en pierre, n'était utilisé que par les piétons ou pour le passage des marchandises chargées sur des bêtes de somme. Le pont est élargi en briques à la fin du Moyen Âge et peut alors être traversé par des charrettes. Au XVIe siècle, il comporte des maisons édifiées sur les piles ainsi qu'une porte fortifiée à chaque bout ; il s'agit en effet d'un pont à péage, qui alimente les finances de la cité albigeoise

Un pont sur le Tarn

Une première phase de développement intervient aux Xe et XIe siècles. Plusieurs signes l'attestent : l'apparition d'une monnaie locale, et surtout, la construction d'un pont sur le Tarn vers le milieu du Xe siècle, l'actuel Pont-Vieux.

Ce pont va entraîner le développement d'un faubourg sur la rive droite du fleuve, alors même que le premier noyau urbain se double d'une seconde implantation autour de Saint-Salvi, dans une zone probablement entourée d'une levée de terre et d'une palissade.

Au cours du XIIe, on édifie l'enceinte qui réunit ces deux périmètres urbains. La ville connaît alors une activité de commerce et d'échange qui accroît son importance, jusqu'alors liée essentiellement à ses fonctions religieuses ou politiques. Siège épiscopal, Albi est en effet partagée entre le pouvoir de l'évêque et celui des vicomtes qui rendent hommage au comte de Toulouse. Dans cette France féodale des XIIe et XIIIe siècles, les grands feudataires s'émancipent peu à peu de l'autorité de leur suzerain ; les vicomtes de Trencavel manifestent des signes d'indépendance, profitant de l'essor économique du territoire qu'ils contrôlent. Cependant, ce même mouvement favorise l'extension du pouvoir épiscopal, qui

détient, avec le vicomte, les divers droits de seigneurie sur la ville.

Albi devient alors, comme presque toutes les cités du Midi, une communauté quasi indépendante sur laquelle l'autorité du suzerain, le comte de Toulouse, est à peu près inexistante. Cette faillite du pouvoir central féodal peut en grande partie expliquer l'impossibilité d'un rassemblement du Languedoc au moment de la croisade menée par la France du Nord.

Un scriptorium important

Albi a, au long des siècles, été animée par une vie culturelle et intellectuelle particulièrement riche. Durant le haut Moyen Âge, la ville dispose d'un scriptorium important, lié à la présence du pouvoir épiscopal. Dans cet atelier, on compile et surtout on copie des textes et des livres indispensables à la vie liturgique. Il ne semble pas qu'il y ait véritablement de style propre à l'atelier d'Albi, comme il y en a pour

Saint-Martin de Tours, pour Auxerre, ou Saint-Denis. Néanmoins, les calligraphes d'Albi produisent en série Bibles, évangéliaires, ou tout autre type de travaux destinés aux grands seigneurs ecclésiastiques ou laïcs. Cela n'empêchera pas les évêques de commander des manuscrits provenant d'un autre scriptorium : c'est ainsi qu'on trouve à la bibliothèque d'Albi un sacramentaire du IXe siècle fabriqué à Auxerre, et confectionné pour un haut dignitaire ecclésiastique, dont tout laisse à croire qu'il dut être l'évêque de l'Albigeois.

Les centres intellectuels que sont écoles monastiques ou cathédrales produisent également des traités de géographie, souvent à partir des textes antiques compilés et enrichis de gloses. Un codex albigeois du VIIIe siècle comporte ainsi une cartographie particulièrement précieuse.

Les troubadours albigeois

C'est dans cette France occitane, au début du XIIe siècle, que se constitue ce que l'on a pu appeler le « grand chant courtois », c'est-à-dire la poésie musicale chantée par les troubadours.

Ce mouvement littéraire connaît son apogée à la fin du XIIe et se poursuit pendant le siècle suivant ; depuis les premières chansons assez frustes évoquant la vie quotidienne d'une cour seigneuriale à la poésie subtile du *trobar clus*, style fondé sur la métaphore, la *canso* est écrite en langue occitane. On a surtout retenu de nos jours la *fin'amo* comme sujet essentiel de cet art de cour que les troubadours allaient

Palais de la Berbie : la cour intérieure, écrasée par la masse des bâtiments qui l'entourent

MAISON ROMANE, OU HÔTEL DE FENASSE

Une promenade dans le vieil Alby permet d'admirer des maisons albigeoises souvent remarquables. Parmi celles-ci, à l'angle de la rue Saint-Étienne et de la rue des Foissants, sur les côtés de la halle du marché couvert, on remarquera une demeure en pierre du XIIe siècle, rare maison d'époque romane qui subsiste encore aujourd'hui. Elle appartenait à la famille Fenasse, à laquelle elle fut confisquée au début du XIVe, le propriétaire ayant été condamné pour catharisme. Les arcades du rez-de-chaussée, encore visibles, correspondaient à la boutique du commerçant, dont cette vaste demeure, ornée à l'étage de baies au décor sculpté, exprime l'aisance.

ci-contre
Chevet de la collégiale Saint-Salvi

déclamer de château en château; les cours de Lombers, Castres, la comtesse de Burlats ont accueilli ces poètes. Cependant, nous connaissons peu de troubadours de naissance albigeoise: Azemar lo Negre, dont on sait qu'il est né dans le premier quart du XIIIe siècle au Castelviel, Albertet Cailla dont toutes les chansons sont perdues, peut-être Uc de Lescura qui pourrait être originaire de Lescure d'Albigeois et, à la fin du XIIIe, Guilhèm Uc et Guilhèm Evesque.

La croisade des albigeois bouleverse les cours seigneuriales qui entretiennent ces troubadours et la tradition de la lyrique troubadouresque aimable et brillante ne se remettra pas de cette déchirure.

Le XIVe siècle voit cependant revivre cet intérêt pour la poésie, et, de nouveau, Albi participe au mouvement; un groupe de poètes toulousains institue les règles d'un nouveau jeu littéraire, les *leys d'amor*, et crée des concours. En 1325, c'est un prêtre albigeois, Raymond d'Alveyrac, qui triomphe à ces jeux où l'amour profane est supplanté par l'amour sacré.

Albigeois et cathares

Deux hérésies gagnent la France à partir du XIIe siècle, et en particulier se développent en Languedoc, la doctrine vaudoise et la doctrine cathare.

Ces mouvements, devant l'affaiblissement et les dérèglements du clergé, essaiment largement dans le Midi. Le catharisme notamment se diffuse avec une réelle ampleur, gagnant toutes les couches sociales. Albi n'est pas le foyer le plus important, mais le terme d'albigeois désigne néanmoins ces sectateurs. Peut-être cela est-il lié au mauvais accueil réservé au légat du pape qui avait précédé saint Bernard, venu en 1145 prêcher contre l'hérésie dans toute la région. Mais plus probablement doit-on retenir l'importante assemblée de Lombers, qui se tient près d'Albi en 1165, grande confrontation où de nombreux dignitaires ecclésiastiques, sans beaucoup de succès, condamnent l'hérésie. Pendant toute la fin du XIIe siècle, celle-ci continue à croître. Des missions de prédication mandatées par la papauté ne parviennent pas à enrayer le phénomène. En l'état actuel de la recherche, on peut cependant affirmer que l'emprise réelle du catharisme dans la population albigeoise n'a pas été très importante.

page de gauche
et ci-contre
Palais de la Berbie, l'aile Louis d'Amboise ; ses hauts combles couverts d'ardoise et ses fenêtres à meneaux évoquent les bâtisses de la Renaissance en Val de Loire

L'arrivée sur le siège pontifical en 1198 d'Innocent III oriente l'évolution des événements : décidé à une lutte sans rémission contre l'hérésie, le pape en appelle à plusieurs reprises au roi de France entre 1204 et 1207, lui demandant son aide militaire.

En 1208, son légat Pierre de Castelnau étant assassiné, de fortes présomptions pèsent sur le comte de Toulouse. Le pape l'excommunie et appelle une nouvelle fois à la croisade, y ajoutant le principe de la dépossession des seigneurs hérétiques. Philippe Auguste, cette fois, donne son accord pour cette croisade, qui regroupe les grands barons du Nord. La disparition de Raymond-Roger de Trencavel, à la suite de la prise de Carcassonne en 1209, libère Albi de la tutelle de son seigneur : bourgeois et évêque restent seuls détenteurs du pouvoir sur la ville. Celle-ci fait soumission sans difficulté au comte Simon de Montfort, à qui reviennent les terres de Trencavel, et lui reste fidèle par la suite, dans un souci politique évident d'autonomie. Ce n'est qu'en 1224, quand les seigneurs français commencent à reculer, qu'Albi se rallie au comte de Toulouse, qui ne peut faire mieux que confirmer les franchises de la cité. Raymond Trencavel, fils de Raymond-Roger, est de même amené, pour recueillir l'appui de la ville, à confirmer toutes les conquêtes gagnées par l'évêque et par les prud'hommes albigeois depuis la mort de son père. Ainsi, en 1220, une charte entérine la disparition des droits seigneuriaux des Trencavel et l'autonomie de la communauté urbaine; seuls les pouvoirs de l'évêque subsistent. La croisade contre les albigeois a donc constitué pour Albi le moyen de parvenir à une plus grande autonomie, en même temps qu'elle a suscité l'émergence d'une oligarchie parmi laquelle se recrute un consulat.

Albi aux XIIIe et XIVe siècles

Le traité de Meaux-Paris en 1229, puis la paix de Lorris en 1243, mettent un terme à l'indépendance des États du Languedoc ainsi qu'à l'hérésie, qui va être impitoyablement pourchassée par l'Inquisition.

Maisons anciennes, quartier du Castelviel

À Albi, la répartition des pouvoirs se trouve modifiée : le Castelviel est rattaché à la seigneurie de Castres, et donc coupé politiquement du reste de la ville pour longtemps ; le roi reprend une partie des droits du vicomte, ce qui lui permet d'implanter ses officiers. Les décennies qui suivent sont marquées par un conflit de pouvoir constant entre les agents du roi et l'évêque, la bourgeoisie albigeoise s'alliant tantôt avec les uns, tantôt avec l'autre, sans parvenir réellement, malgré la reconnaissance des franchises de la ville, à une réelle autonomie.

La Cité épiscopale

Le paysage urbain change considérablement : afin de marquer l'importance de leur pouvoir tant spirituel que temporel, les évêques d'Albi entreprennent d'édifier, dès la fin du XIIe, la puissante forteresse de la Berbie, édification bientôt suivie au XIIIe siècle par celle de la cathédrale, sur l'emplacement de l'église ancienne.

Des établissements religieux fondés hors les murs donnent naissance à de nouveaux quartiers : la Maladrerie de Saint-Jean au Castelviel en 1218 ; les couvents d'ordres mendiants, les Cordeliers sur l'actuelle place de l'Amitié-entre-les-Peuples à partir de 1242, les Frères prêcheurs, acteurs principaux de l'Inquisition, à l'emplacement de l'actuel couvent des Dominicaines, à partir de 1273, enfin les Carmes en 1311, là où se trouve le Jardin national.

Dans la seconde moitié du XIVe siècle, on édifie une enceinte puissante pour ceinturer la ville. Cette dernière est divisée en six quartiers, ou *gaches*, le faubourg du Pont, lui-même entouré de murailles, formant un quartier indépendant. Le Pont-Vieux est quant à lui fortifié à la fois du côté du faubourg du Pont et du côté de la ville, avec un pont-levis à chaque extrémité. Comme tous les ponts du Moyen Âge, il

page de droite
Les jardins à la française du palais de la Berbie dominés par la masse imposante du donjon

LE VIGAN

Au XIVe siècle la guerre de Cent Ans génère une période de troubles qui pousse Albi à renforcer ses murailles. L'enceinte de la cité comprend alors six portes correspondant à des quartiers, dont la porte du Vigan à l'est, le mot *vigan* provenant de *vicus*, bourg ou ici faubourg. On y accède par un pont-levis qui enjambe le fossé, et les grands personnages qui sont reçus dans la ville font leur entrée par cette porte. La réalisation de la route Royale, de Toulouse à Rodez, au XVIIe siècle, va donner au faubourg du Vigan une place centrale, et le pont-levis disparaît au siècle suivant, remplacé par un pont fixe aux arches de briques. Lors des aménagements récents de la place, des fouilles archéologiques ont mis au jour une nécropole protohistorique dont on ignorait l'existence ; lui a succédé à la période antique romaine un habitat rapidement abandonné, puis le Moyen Âge implante sur ce site fortifications et fossés.

Le quartier du Castelviel, longtemps séparé de la cité albigeoise à laquelle il n'est rattaché qu'à la Révolution, conserve un cachet pittoresque qu'illustre la paisible place Savène

est surmonté de maisons, et on trouve en son centre une chapelle dédiée à la Vierge.

Ainsi protégée, Albi se révèle imprenable: la masse imposante de la Berbie dominant le Tarn est englobée dans la muraille, devenue indispensable en ces années de trouble qui, de 1350 à 1450, constitue un contexte permanent. La guerre de Cent Ans amène beaucoup de bandes de routiers à ses portes, et si la ville peut compter sur la solidité de ses remparts, elle n'en doit pas moins payer des rançons pour éviter des sièges.

Il faut imaginer alors une ville serrée à l'intérieur de ses murs, parcourue d'un réseau de rues étroites, dont certains quartiers, comme celui de Verdusse, mieux situés ou moins densément bâtis, constituent des zones privilé-

Rue Toulouse-Lautrec

Les rues de la Piale (page de gauche) et Puech-Bérenguier (ci-contre), au sud de la place Sainte-Cécile, dans le quartier du Castelnau qui s'est développé aux XIIe et XIIIe siècles, sont bordées de maisons à pans de bois ou en briques qui donnent une image de la cité médiévale

giées. La vie est animée autour des nombreux points d'eau, puits ou fontaines, autour de la *plassa*, véritable cœur de la cité, situé au pied de la cathédrale : on y trouve la pile qui sert à mesurer les grains, on y tient le marché, enfin non loin de là se trouvent le salin, le poids de la farine et la boucherie. Les couverts qui entourent la place fixent les artisans ; ils se prolongent dans un anneau de rues entourant Saint-Salvi, la *roda de la plassa*, dont on voit encore le tracé dans la ville actuelle.

Cette *plassa* n'est d'ailleurs pas très vaste, les maisons arrivant très près de Sainte-Cécile ; les grandes foires se tiennent donc hors les murs. Dans ces faubourgs, où quelques habitations se sont installées, sont implantés des moulins, des tanneries, dont l'existence est constante autour des villes médiévales. C'est également dans ces quartiers à l'écart du centre urbain que sont placées les maladreries, établissements indispensables dans une société atteinte par des épidémies.

La Renaissance

La fin du XVe siècle voit peu à peu l'insécurité reculer et la prospérité revenir d'année en année dans la ville.

La maison Enjalbert
Au coin des rues Timbal et des Pénitents, une double fenêtre forme l'angle. Les frontons des croisées, le décor sculpté des poutres appartiennent au style Renaissance, alors que la structure à pans de bois de cette maison, avec son remplissage de briques très décoratif, évoque encore l'âge gothique

Donnant sur la rue des Pénitents, la porte aux vantaux sculptés de pilastres cannelés ; au linteau, une frise terminée à chaque extrémité par deux profils en médaillon, porte en son centre le monogramme du Christ. Le décor denticulé du fronton triangulaire, les losanges décorant la porte, ainsi que les sculptures des pilastres sont d'une grande qualité

Un pays de cocagne

De grands seigneurs vont alors se succéder à l'épiscopat, les Amboise, les Robertet, amenant avec eux le courant d'italianisme qui a commencé à essaimer dans le val de Loire, et fera éclore un style Renaissance français.

La culture du pastel fait de l'Albigeois un pays de cocagne, assurant la fortune d'une bourgeoisie marchande qui joue un rôle prépondérant dans la ville. Cette classe sociale aisée, commerçant avec l'ensemble du royaume mais aussi avec l'Europe du Nord ou la péninsule ibérique, met en place le processus au bout duquel la monarchie se trouvera totalement implantée à Albi. C'est ainsi que les consuls, bientôt exclusivement issus de l'oligarchie urbaine, constituent de fidèles appuis pour la royauté. Le pouvoir reste cependant partagé entre les officiers royaux, le consulat, et le seigneur-évêque. Mais celui-ci est de plus en plus souvent membre d'une clientèle proche de la couronne.

L'hôtel Reynès
La façade (à gauche) sur la rue, toute de briques, ponctuée par les encadrements de pierre des fenêtres et par le portail massif

Dans la cour intérieure (à droite), les bustes en haut relief du roi François Ier et de la reine Éléonore d'Autriche

L'aisance d'une partie de la population albigeoise se révèle à travers le bâti urbain. De belles maisons sont édifiées, la maison Enjalbert, à l'angle des rues Timbal et des Pénitents en est un exemple: son étage en encorbellement repose sur des poutres sculptées; des pans de bois au décor Renaissance encadrent un appareil de briques, d'une disposition très décorative. Des hôtels particuliers sont construits: l'hôtel de Gorsse, 30 place Henri-de-Gorsse, reste encore très marqué par le vocabulaire décoratif gothique, et sa tour carrée abrite un escalier à volées droites, encore voûté d'ogives.

Autrefois siège de la Chambre de commerce et d'industrie et aujourd'hui propriété du Département, l'hôtel du marchand Roger Reynès, 14 rue Timbal, est l'édifice le plus complet et le mieux conservé de cette époque. La façade sur rue, de briques et de pierres, d'une sobre ordonnance, est ornée de fenêtres à meneaux sculptés encadrées de bossages chanfreinés; leur fronton interrompu en son centre permet le jaillissement d'une touffe d'acanthes. On remarquera les curieuses têtes d'animaux qui ornent les consoles sur lesquelles s'appuient ces fenêtres. La cour intérieure, plus proche par sa tour d'escalier en angle de l'esprit gothique, présente néanmoins des loggias très italianisantes: elles sont composées de deux étages d'arcs en anses de panier qui reposent sur des colonnes assez massives à chapiteau toscan; sur l'une de celles du rez-de-chaussée prend appui une console à laquelle est suspendue la chaîne du puits. On notera le bossage en éventail qui marque le claveau des arcs: leur vigueur ponctue et équilibre l'ensemble des loggias, uniquement décorées de rameaux de laurier finement sculptés et de bouquets d'acanthes. Les bustes sculptés de François Ier et de la reine Éléonore d'Autriche constituent l'hommage que le riche marchand souhaitait adresser au roi, dont on espéra vainement la visite en 1533.

LE PASTEL

Le commerce de cette plante, qui permet de teindre la toile d'un bleu indélébile très apprécié, engendre le développement économique du pays de cocagne. Le mot vient du terme « coque » donné à la boule de feuilles broyées qui permet le transport du pastel. La production albigeoise est renommée et alimente des échanges à travers la France vers les Flandres ou l'Angleterre, mais aussi vers l'Espagne ; l'axe fluvial que constitue le Tarn sert notamment à ce commerce. L'importation d'indigo d'Amérique donnera un coup d'arrêt à cette production et, malgré des édits royaux tendant à protéger le pastel, l'indigo, de moindre coût, finira par le remplacer au cours du XVIIIe siècle.

L'hôtel Reynès, la cour intérieure et sa tour ronde

La tour carrée de l'hôtel de Gorsse abrite un escalier à volées droites, encore voûté d'origine

On peut également admirer une belle cour Renaissance dans l'hôtel Decazes (actuelle maison des Blandines) qui se trouve au numéro 10 de la rue Toulouse-Lautrec.

La fin du XVIe siècle est secouée de troubles

De nouveaux désordres mettent fin à la prospérité que l'on vient de décrire : le calvinisme apparaît en France en 1540, et à partir du milieu du siècle, le durcissement des positions augure un affrontement violent. Celui-ci va agiter tout le royaume, affaiblissant la construction politique et administrative mise en place par les rois et leurs serviteurs dans la première moitié du siècle, dont la ville d'Albi était une bonne illustration. La richesse du pays est alors compromise par trente années de guerres civiles.

L'Église catholique réagit au développement de cette nouvelle hérésie : le 25 février 1535, Albi organise une grande procession expiatoire, à l'image de celles que François Ier a ordonnées dans tout le royaume. La reine Catherine de Médicis, régente à partir de 1560, nomme au siège épiscopal d'Albi son cousin Laurent Strozzi, ancien militaire devenu prélat. Cette mesure prouve que la ville compte parmi ses habitants des réformés en nombre relativement important, mais elle se justifie aussi parce qu'Albi est une capitale de diocèse, dans une région où l'on compte un fort contingent de huguenots.

La ville, mise en arme par le cardinal évêque Strozzi, fait face à toutes les tentatives des troupes protestantes ; mais les faubourgs qui se trouvent hors les murs sont gravement endommagés, et la communauté est lourdement grevée d'impositions visant à soutenir l'effort militaire.

Ainsi, devenue une place forte du catholicisme, c'est tout naturellement qu'Albi adhère à la Sainte Ligue qui, derrière les Guise et sous couvert de la défense du catholicisme, est une fronde politique. Cette analyse conduit Henri III, lors des États généraux réunis à Blois en 1589, à faire assassiner le duc de Guise et le cardinal de Lorraine. Les consuls albigeois se déclarent fidèles à la Ligue et refusent d'accueillir Alphonse Delbène, nommé évêque par Henri III. En 1593, le 21 octobre, se tiennent à Albi les états de la Ligue, en présence du duc de Joyeuse, qui investit la ville de ses troupes et met le palais de la Berbie en armes.

Cette domination militaire dure jusqu'en 1598 : à cette date, Henri IV est reconnu roi de France par tous les partis, et la Ligue cesse d'exister. L'évêque Delbène peut entrer dans la ville, mais le roi prend la précaution de démanteler les fortifications de la Berbie : c'est alors que disparaît la partie supérieure du donjon.

Enfin, comme dans tout le royaume, la réaction catholique passe par l'installation à Albi d'un collège dirigé par les Jésuites : approuvé en 1540, l'ordre des Jésuites, dont les membres soigneusement sélectionnés sont formés à la théologie et à la prédication, constitue l'instrument efficace de la Réforme catholique. La Compagnie de Jésus prend donc la direction d'un nouveau collège en 1623 et, en 1633, on construit la chapelle qui existe encore actuellement à l'intérieur de l'ensemble de bâtiments du lycée Lapérouse et a été transformée en espace culturel et salle polyvalente.

Façade en briques à colombages rue Saint-Julien

Se détachant dans le panorama urbain, le bâtiment du lycée Lapérouse construit entre 1864 et 1867 : Jean Jaurès y a enseigné la philosophie de 1881 à 1883

L'un des premiers ateliers d'imprimerie en France

En 1474, Louis d'Amboise, conseiller du roi Louis XI, est nommé évêque d'Albi. Ce grand seigneur, ouvert aux arts, arrive de Rome où il a rempli la fonction d'ambassadeur du roi de France. À sa charge d'évêque d'Albi va bientôt s'ajouter celle de lieutenant-général de la province du Languedoc en lieu et place du duc de Bourbon, retenu à la cour. Personnage très important, il fait œuvre de mécénat dans son évêché et est à l'origine de l'installation à Albi de Neumeister, maître imprimeur originaire de Mayenne, qui a été collaborateur de Gutenberg et que Louis d'Amboise a probablement rencontré à Rome. Des recherches récentes mettent aussi en lumière le rôle de l'évêque Jean Jouffroy, proche conseiller du roi Louis XI, comme introducteur d'un premier atelier d'imprimerie à Albi.

Pendant quelques années, des ouvrages en caractères romains puis gothiques sont imprimés dans cet atelier d'Albi, qui, après ceux de Paris en 1470 et Lyon en 1473, est l'un des premiers installés en France.

Les XVIIe et XVIIIe siècles

L'Albigeois, ravagé par de longues années de guerre, connaît une relative stagnation économique.

L'industrie régionale est peu variée : on achève de détruire les dernières forêts pour alimenter les nombreuses verreries ; on tisse en quantité de la toile de chanvre solide et rugueuse, mais assez grossière. Quelques tanneries sont implantées aux abords de la ville et des briqueteries se développent pour fournir le matériau qui donne à la cité sa couleur. Mais un phénomène économique a des conséquences redoutables : le recul du pastel, qui a alimenté les fortunes des riches notables pendant tout le XVIe siècle.

En réaction, tout au long du XVIIIe, se fondent des manufactures dans des secteurs divers : une maîtresse fileuse anglaise, Miss O'Flanegan, est appelée pour organiser une école de filature, un maître cordier vient de Toulon pour perfectionner l'industrie de la corderie et on cherche aussi à développer une manufacture de bougies. Malgré tous ces efforts, Albi ne retrouve pas une réelle prospérité et les années qui précèdent la révolution de 1789 connaissent un contexte économique particulièrement difficile.

Les arches du Pont-Neuf et le lycée Lapérouse

Le Jardin national

La ville s'ouvre

Dès le XVIIe siècle, les fortifications ont commencé à disparaître et les espaces situés à l'extérieur des murailles sont de plus en plus utilisés. On y trouve une promenade publique plantée d'ormeaux, un jeu de paume, enfin, au XVIIIe, on y réalise un jardin, qui porte dans un premier temps le nom de jardin Choiseul, devient jardin Royal, puis Impérial, avant d'être de nos jours National.

C'est également hors les murs que l'évêque Daillon du Lude fait construire, vers le milieu du XVIIe siècle, une demeure classique entourée de vastes jardins à la française, afin de s'évader des fastes austères du palais de la Berbie. Ce petit château est aujourd'hui intégré dans l'ensemble des bâtiments du XIXe qui abritent l'établissement de soins du Bon Sauveur.

Les routes construites dans la seconde moitié du XVIIIe siècle et notamment la route Royale de Toulouse à Lyon, réalisée en 1758, suscitent la décision de destruction définitive des remparts. C'est également pour faciliter la circulation que les dernières maisons subsistant sur le Pont-Vieux sont abattues.

L'intérieur de la ville lui-même se modifie et s'aère : à la suite d'un incendie survenu en 1643, on crée la place du *Patus Crémat*, puis on l'agrandit à la suite d'un autre sinistre en 1720. La *plassa*, quant à elle, est élargie depuis le XVIIe siècle. Le foirail du Vigan est aménagé en place. Un hôpital général a été fondé dans

Le Pont-Neuf

Envisagée dès 1771 par l'ingénieur Laroche à l'occasion des aménagements qui transforment la ville, la construction du Pont-Neuf n'est finalement mise en œuvre qu'en 1861 et achevée en 1867, année de son inauguration. Il portera le nom de pont Napoléon, puis pont de Strasbourg, avant d'être désigné comme le Pont-Neuf

L'hôtel de ville
Porte cochère (à droite) de style Louis XIII, surmontée d'un écu aux armes d'Albi : un mur crénelé sur lequel passe un lion, accosté d'une crosse et de la croix ; la devise de la ville est la suivante : « *stat baculus vigilatque leo turresque tuestur* ». « Le bâton épiscopal est dressé, et le lion veille et garde les tours »

ci-dessous La cour intérieure

ci-contre La salle des États albigeois. Lors de l'acquisition de l'hôtel de ville actuel, cette salle fut réservée aux assemblées des consuls, ainsi qu'aux assises du diocèse. Le programme de décoration de cette vaste pièce comprend donc la représentation sur les poutres du plafond des armoiries des communes et des États albigeois. De nos jours, s'y tiennent les réunions du conseil municipal, sous le regard impérieux de Jean Jaurès, dont le buste réalisé par Gabriel Pech rappelle l'origine tarnaise. Une fresque de Joséphine Baudoin, conçue entre 1934 et 1937, orne l'un des murs de la salle, comme une sorte d'allégorie où l'on retrouve des lieux et événements forts qui ont marqué l'Albigeois.

le secteur de la place Lapérouse au XVIIe, puis, dans le premier tiers du XVIIIe siècle, on recouvre le ruisseau du Bondidou, ce qui permettra ultérieurement l'aménagement de cette place.

Quelques hôtels particuliers du XVIIe sont encore visibles au cœur d'Albi : l'hôtel de ville, où figure la date de 1682, le porche du numéro 10 rue d'Engueysse. Ces bâtiments d'époque Louis XIII témoignent de l'interpénétration d'éléments décoratifs classiques et Renaissance.

L'hôtel de Saint-Hyppolite, que nous venons de citer, est acheté en 1728 afin de devenir hôtel de ville, l'ancienne maison commune étant devenue trop exiguë. Une grande salle est aménagée afin de pouvoir accueillir les réunions des états albigeois ; on peut encore y admirer les armoiries des villes et des états peintes au plafond.

Dans le dernier quart du siècle, un manège et un terrain de manœuvres sont dessinés à l'emplacement de la place Jean-Jaurès et les lices sont réalisées, ainsi que les escaliers qui relient celles-ci au terre-plein de l'actuel Pont-Neuf, alors inexistant.

Pendant ces deux siècles, le pouvoir des prélats sur la cité est incontesté et se trouve même conforté par l'érection de l'évêché en archevêché sous Louis XIV. L'archevêque de Choiseul-Stainville, à Albi de 1759 à 1764, intervient directement pour améliorer l'urbanisme : il lance l'idée de la démolition des remparts entre le pont du Tarn et l'archevêché, et de la construction à cet emplacement du quai qui porte son nom. Les travaux ainsi supervisés sont confiés à l'ingénieur Laroche, auteur d'un remarquable plan de la ville.

Un quartier réhabilité, le *Patus Crémat*

L'hôtel de Saunal, demeure d'un marchand enrichi par le commerce du pastel

La vie littéraire au XVIIe siècle

Au XVIIe siècle, Albi retrouve une imprimerie : en 1669, un nommé François Patron, d'origine lyonnaise, s'installe près de Sainte-Cécile ; les frères Pech lui succèdent et la Ville leur offre une rente annuelle pour les retenir. Une imprimerie subsiste ainsi jusqu'à la Révolution, l'imprimeur jouissant encore à cette date de la prime versée par la Ville.

La vie littéraire provinciale est au XVIIe siècle animée par des salons, à l'image de ceux que Molière évoque dans certaines pièces. Albi abrite un cercle semblable regroupé autour d'Antoinette Salvan de Saliès, femme du viguier de la ville. La correspondance de cette femme de qualité, régulièrement publiée dans le journal *Le Mercure Galant*, contient des renseignements passionnants sur la vie de la petite cité, qu'elle ne quittera jamais. Fondatrice d'une société locale des lettres, Mme de Saliès méritait bien que son nom soit donné à une rue d'Albi.

La Révolution

Albi traverse la tourmente révolutionnaire en restant fidèle aux principes de 1789. Le département du Tarn est créé en 1790, mais une énorme déception attend les Albigeois : la Constituante choisit Castres comme chef-lieu, cette ville étant alors plus peuplée et plus prospère, grâce à l'industrie textile.

ci-contre
Le palais de Justice, ancien couvent des Carmes

Cette même assemblée décide la vente des biens du clergé, ce qui modifie de façon importante le contenu urbain : le couvent des Carmes devient l'actuel palais de justice, celui des Cordeliers est transformé en prison (disparue de nos jours). Le palais de la Berbie, heureusement préservé, abritera jusqu'en 1823 l'administration départementale. Pour remplacer le cardinal de Bernis, un évêque assermenté, Jean-Joachim Gausserand, est désigné. La Terreur accroît l'ampleur des pratiques de déchristianisation : Saint-Salvi est convertie en magasin à fourrage, la cathédrale devient un temple de la Raison. Toutes les archives du chapitre d'Albi ainsi que les archives seigneuriales brûlent dans un gigantesque brasier allumé sur la place du Vigan en 1794, ce qui constitue une perte irréparable. Nombre de statues et de tableaux d'églises sont également détruits. Sainte-Cécile échappe de peu à la catastrophe : l'évêque Gausserand et la municipalité envisagent la destruction du jubé. Un ingénieur, Jean-François Mariès, intervient opportunément et parvient à sauver celui-ci ; en revanche la statuaire est à jamais mutilée, ou a partiellement disparu.

Le jardin du cloître Saint-Salvi

Après le 9 thermidor, le Directoire se met en place. La région castraise reste agitée par un fort parti royaliste, ce qui conduit la nouvelle administration départementale à quitter Castres pour Albi. Cette dernière tire habilement parti de cet état de fait, qui aurait dû être provisoire, et obtient définitivement le titre de chef-lieu en 1797.

ci-contre Colosse de briques, Sainte-Cécile s'impose par sa puissance et par la chaude couleur de ses murs

Le XIXe siècle

D'importantes modifications interviennent dans l'urbanisme de la ville, sous l'impulsion de l'ingénieur Mariès, dont on a pu saluer l'intervention salvatrice pendant la Révolution.

L'hôtel du Bosc, maison natale de Toulouse-Lautrec, construite à l'emplacement des fortifications de la ville dont subsistent deux tours

à droite
Les rues piétonnes et commerçantes du centre-ville : la rue Mariès

L'arrivée du chemin de fer

Ingénieur en chef du département de l'Aude, Mariès prend sa retraite à Albi en 1819, est élu conseiller municipal et consacre de longues années à dresser un plan des divers aménagements urbanistiques qui lui semblent souhaitables pour la ville.

Des travaux qu'il projetait, sont seulement réalisés les percements de la rue Mariès, de la rue Sainte-Cécile et du boulevard Soult, ainsi que quelques monuments dont une école professionnelle de garçons, devenue le lycée Rascol. Fort heureusement, l'ensemble de ses projets ne s'est pas concrétisé : les documents qu'il nous a laissés témoignent d'un total manque d'intérêt pour les bâtiments ou maisons anciennes qui font aujourd'hui le charme et l'attrait d'Albi.

Une réelle expansion économique enregistrée à partir du milieu du XIXe siècle est à l'origine des changements que connaît la ville ; l'industrie de la chapellerie, tout particulièrement, se développe de façon notable et atteint un rang qui la place parmi les premières de France.

Concrétisation de cet essor, le chemin de fer arrive à Albi en 1864. On ouvre les gares d'Albi-ville et d'Albi-Madeleine sur la rive droite du Tarn, qu'un viaduc et un pont jetés sur la rivière permettent de relier. La circulation d'une rive à l'autre devient également plus aisée grâce à la construction d'un nouveau pont, le pont de Strasbourg, actuel Pont-Neuf, achevé en 1860.

La ville se développe autour de ses deux gares, et vers l'est et le sud-est, où un réseau de nouveaux boulevards est dessiné : boulevards Soult, Valmy, Magenta, Montebello. Le quar-

tier du Castelviel, plus étroitement rattaché à la ville grâce au pont de la République, terminé en 1849, se voit doté d'un foirail.

Le cœur de la cité lui-même voit surgir de nouvelles constructions : sur l'esplanade réalisée en face du palais de justice, et devenue la place Lapérouse, on inaugure en 1853 la statue du célèbre navigateur ; l'hôtel de la préfecture est terminé en 1858 ; l'aménagement de la place du Vigan est lancé. Mais surtout, les abords de la cathédrale prennent la configuration qu'on peut voir aujourd'hui, avec la démolition des maisons qui existaient encore place Sainte-Cécile. Ces travaux lourds et coûteux, réalisés de 1850 à 1902, s'achèveront avec la construction sur les côtés sud et est de la place d'immeubles symétriques et réguliers d'une hauteur réglementée, qui offrent un écrin au joyau que constitue Sainte-Cécile.

De l'autre côté du Tarn, on a décidé en 1847 d'édifier une nouvelle église à la Madeleine, l'ancienne étant dans un état de grand délabrement.

La guerre de 1870 marque le coup d'arrêt de ces travaux urbanistiques, qui reprennent cependant à la fin du XIXe siècle. En 1884, la Ville prend possession de l'hôtel de Rochegude, légué par son illustre propriétaire, ainsi que du parc, qui est aménagé, constituant un bel

Le Pont-Neuf qui enjambe le Tarn et les anciennes vermicelleries remarquablement réhabilitées qui abritent des salles d'expositions appartenant au Conseil général, ainsi qu'un hôtel

ci-contre
Fontaine contemporaine rue de Verdusse

Le parc Rochegude offre ses espaces arborés d'espèces rares aux promeneurs qui peuvent y découvrir une sculpture de Marta Solsana-Bellera, *Le Bain*

espace de calme et de frondaisons. L'hôtel quant à lui comporte un fonds autour duquel se constitue une bibliothèque municipale. En 1892 s'achève la construction d'un autre équipement culturel, le théâtre municipal, situé en face de la place Jean-Jaurès, dans l'axe de la rue de Verdusse.

Une industrie naissante

Une seconde phase de développement s'amorce, au cours de laquelle Albi voit se développer des industries nouvelles. Minoteries et vermicelleries se modernisent, de même que l'industrie de la chaux ; bientôt va apparaître la fabrication du ciment. Une autre activité beaucoup plus importante démarre : l'exploitation du charbon près d'Albi, à Carmaux et à Cagnac. La métallurgie s'implante également au Saut-du-Tarn, entraînant l'apparition de fonderies spécialisées. Mais l'activité la plus connue est la verrerie, produite par l'usine de la Verrerie ouvrière fondée en 1896. Jaurès, enfant du pays, s'investit totalement dans la création de cette entreprise exemplaire, qui marque une étape pour le mouvement ouvrier non seulement local mais national, par sa structure particulière puisque les actionnaires en sont des syndicats.

Avec ces activités nouvelles, la ville s'ouvre sur l'extérieur ; elle poursuit en même temps sa modernisation. Un hôtel des Postes est construit

BIBLIOTHÈQUE ROCHEGUDE

Henri Pascal de Rochegude est né à Albi en 1741. Entré dans la marine, il prend part à un voyage d'exploration en terres australes, puis à la guerre d'Indépendance des États-Unis d'Amérique. Il quitte la marine en 1787 avec le grade de capitaine des vaisseaux. Imprégné des idées des philosophes des Lumières, il adhère avec enthousiasme aux premiers événements de la Révolution ; en 1790, il siège comme député à la Constituante. Il est réélu sous la Convention, puis au Conseil des Cinq Cents, sous le Directoire. Rochegude apporte un soutien sincère aux principes nouveaux et abandonne sans hésiter son titre de marquis, mais il reste modéré dans ses positions. Après la Révolution, il se retire à Albi où il se consacre à l'étude de la langue occitane, de la littérature du Moyen Âge, et voue la fin de sa vie à la recherche et à la méditation.

Il meurt à 93 ans, en 1834, léguant à la ville son hôtel et son exceptionnelle bibliothèque, ainsi que le parc qui l'environne. Aujourd'hui espace culturel, l'hôtel Rochegude a abrité la bibliothèque municipale jusqu'en 2001.

ci-contre L'église de la Madeleine et l'étagement des maisons sur la rive droite du Tarn, face au palais de la Berbie à côté de la place du Vigan en 1900 ; la Caisse d'Épargne fait élever un immeuble qui se veut de prestige, face à la place Jean-Jaurès, en 1913 ; un marché couvert est construit en 1901-1902, longé par un axe nouveau, la rue Émile-Grand, qui permet de rejoindre le Pont-Neuf. Une autre voie importante est réalisée grâce au comblement du ravin du Bondidou, l'actuel boulevard Sibille.

Ainsi, à la veille de la Première Guerre mondiale, Albi se présente à peu près telle que le visiteur peut la découvrir de nos jours, avec ses principaux axes de développement déjà esquissés, autour d'un centre ancien au charme tout méridional.

PLACE LAPÉROUSE

Jean-François Galaup de Lapérouse, illustre navigateur, est né aux portes d'Albi, au manoir du Gô, le 23 août 1741. Ses premières courses à travers le monde le conduisent de Madagascar à Mahé, de l'île Bourbon aux Indes. Il est alors nommé capitaine et commande *l'Astrée*, vaisseau avec lequel il se rend célèbre en luttant contre les Anglais ; en 1781, il détruit les établissements de ces derniers dans la baie de Hudson.

Le roi Louis XVI et Fleuriau lui confient alors une mission scientifique de découverte : à la tête de deux vaisseaux, *la Boussole* et *l'Astrolabe*, il embarque à Brest en 1785, emmenant avec lui des astronomes, des botanistes et divers savants. On suit son périple jusqu'à l'île de Pâques, d'où il repart vers les îles Sandwich, puis l'Alaska ; il longe ensuite la Californie, vogue vers la Chine et le Japon, avant de faire cap de nouveau vers le sud. Une dernière escale l'amène à Botany Bay, en Australie, en 1788 ; puis il disparaît sans que l'on sache où, ni dans quelles conditions. À cette date, la France connaît les importants bouleversements de la Révolution, et ce n'est qu'en 1791 qu'est organisée une expédition de recherche sous le commandement du contre-amiral Bruni d'Entrecasteaux. Celui-ci rencontre de nombreuses difficultés et, au cours de son périple, passe au large d'une île dont il relève les coordonnées, sans vouloir y débarquer vu l'état de son équipage : il s'agit de l'île de Vanikoro où devaient encore à ce moment se trouver les quelques survivants du naufrage de Lapérousse.

Il faut attendre une trentaine d'années pour que Dumont d'Urville lève en partie le mystère qui entourait la disparition de *la Boussole* et de *l'Astrolabe*. Il ramène de Vanikoro des ancres et des canons de ces deux navires ; ils sont aujourd'hui devant le musée consacré à Jean-François Galaup de Lapérouse.

Ces dernières années, des expéditions auxquelles ont participé des Albigeois sont parvenues à préciser les circonstances du naufrage et à retrouver de nombreux objets grâce aux fouilles de plongées systématiques. Un musée est consacré au voyage de Lapérouse et la ville d'Albi, avec le concours d'une association des amis de Lapérouse, a ouvert une galerie qui reconstitue le périple de ce grand marin et évoque ses découvertes (voir p. 51).

Le XXe siècle

La première moitié du XXe siècle a marqué la physionomie de la ville en quelques endroits, mais de façon assez peu importante.

Ce sont surtout de nouveaux équipements qu'il convient de souligner. Dans le domaine culturel, les galeries Toulouse-Lautrec inaugurées dans le palais de la Berbie en 1922 font du musée de la ville l'un des plus prestigieux établissements de province. Dans le domaine économique, un aéroport permet une liaison aérienne quotidienne avec la capitale, mais cette ligne sera supprimée à la fin des années quatre-vingt. Enfin, dans le domaine sportif, le circuit automobile a vu s'écrire de belles pages du sport mécanique.

Il convient de remarquer l'important effort de mise en valeur du bâti ancien subsistant : rénovations et restaurations habilement menées ont permis de redonner aux rues d'Albi un charme particulier. Le promeneur y découvre en effet, en suivant les parcours proposés par les circuits de découverte (voir p.78-79), de nombreux témoignages du passé, tantôt modestes, petite sculpture perdue sur une façade, tantôt plus marquants, tours-campaniles ou portails derrière lesquels on devine de belles demeures.

LA MAISON DU VIEIL ALBY

- Dans cette maison typique, l'Association du Vieil Alby propose chaque été des expositions sur l'enfance de Toulouse-Lautrec ou sur le patrimoine architectural local.
- 1 rue de la Croix-Blanche
  vieil.alby@sfr.fr

Rue des Prêtres (à gauche), rue Puech-Bérenguier (ci-dessous) et rue Saint-Julien (en bas)

Rue de la Croix-Blanche, la maison dite du Vieil Alby, si caractéristique avec son grenier ouvert où l'on faisait sécher le pastel, a marqué le début de cette résurrection des vieux quartiers. Une opération de réhabilitation menée sur tout un secteur, le *Patus Crémat*, a permis, en sauvegardant ce qui pouvait l'être et en intégrant quelques éléments d'architecture contemporaine pour structurer l'habitat et l'aménager, de créer un ensemble cohérent, humain et plein de charme.

La réalisation de voies piétonnières dans tout le centre ancien favorise la découverte de ces rues étroites, assombries par les encorbellements des maisons, où commerce et artisanat apportent la vie.

Albi à l'aube du XXIe siècle

De grands projets d'aménagement urbain sont intervenus dans les deux dernières décennies du XXe siècle, visant à redonner au centre-ville son rôle d'espace de vie, en rééquilibrant la place prise par la circulation et le stationnement automobile et celle réservée aux piétons.

Cette revitalisation de l'aire urbaine a commencé avec la place du Vigan et le Jardin national. Une proposition conçue par le cabinet Bernard Huet, visant à mettre en valeur et à assurer la vitalité de ce périmètre, a été retenue en 1998. Libérant la place du Vigan du stationnement, l'architecte a restructuré cet espace, en imaginant un plateau minéral de granit animé par des jeux d'eau et des éclairages nocturnes, et l'a prolongé vers le Jardin national, où des plantations soulignées d'une rangée de marronniers ont permis de retrouver l'image de jardin qui avait totalement disparu. Les enfants que l'on peut voir jouer avec les jets rythmés et variés de la fontaine du Vigan, les badauds qui apprécient un moment de calme sur les bancs du Jardin national autour du kiosque à musique, prouvent la réussite de ces nouveaux aménagements. Ceux-ci ont également permis de créer un nouveau parvis pour le théâtre, qui ferme l'axe créé depuis la statue Lapérouse dans une vue perspective qui le met en valeur.

La place du Vigan

Une rénovation non moins ambitieuse a été conduite avec la même exigence au cœur historique de la cité albigeoise, la place Sainte-Cécile et ses abords. L'opération engagée en 2005 a, là aussi, éliminé le stationnement de surface qui morcelait l'espace. Le traitement des sols, pavés de granit gris, ou barrettes, suggère en filigrane les îlots médiévaux tels que les plans anciens pouvaient permettre de les situer ; de même, un cabochon de bronze évoque le puits qui se trouvait place de la Pile. Mais c'est avant tout la masse imposante de la cathédrale Sainte-Cécile qui se trouve mise en majesté par le parvis de granit rose sur lequel son chevet se dresse. Le visiteur en quête de fraîcheur pourra également savourer le calme de la placette Monseigneur-Mignot, à l'ombre du monument, ou s'évader vers la place de la Trébaille, où les arches d'un cloître médiéval se reflètent dans

CENTRE D'ART CONTEMPORAIN : LE LAIT

L'art et la création contemporaine sont présents à Albi à travers manifestations et performances. Le centre d'art, le LAIT, est un laboratoire de recherches qui accueille artistes confirmés ou créateurs émergents pour des rencontres, expositions ou colloques.

Moulins albigeois, 41 rue Porta, 81000 Albi
Tél. 05 63 38 35 91
www.centredartlelait.com
Ouvert du mercredi au dimanche, de 14 h à 19 h, sauf jours fériés.

de gauche à droite
La place Sainte-Cécile et les abords de la cathédrale

Médiathèque Pierre Amalric

Halle métallique de type Baltard abritant le marché ouvert rénovée et modernisée en 2007

un miroir d'eau et d'où l'on peut apprécier la perspective sur le Tarn.

Ces travaux ont également été l'occasion de réhabiliter le marché couvert, construction de 1905, qui est l'une des dernières halles dues à André-Jules Michelin encore visible de nos jours.

LE MUSÉE LAPÉROUSE

Musée consacré à la vie familiale et professionnelle de l'explorateur albigeois du XVIIIe siècle, Jean-François Galaup de Lapérouse. Sont exposés : des maquettes, instruments de navigation, armes et uniformes, cartes et panneaux décrivant le voyage scientifique, les étapes de la découverte du Pacifique ordonné par Louis XVI jusqu'aux récifs de Vanikoro, nombreux vestiges d'archéologie sous-marine provenant des lieux du naufrage.

Square Botany-Bay
81003 Albi
Tél/Fax : 05 63 46 01 87
musee-laperouse.albi@orange.fr
www.laperouse-france.fr

Jours et horaires d'ouverture :
- Du 1er mars au 30 juin : 9 h/12 h et 14 h/18 h (fermé le lundi).
- Du 1er juillet au 30 août ouvert tous les jours : 9 h/12 h et 14 h/18 h du lundi au vendredi, et 10 h/12 h et 14 h/19 h les samedi et dimanche.
- Du 1er septembre au 31 octobre : 9 h/12 h et 14 h/18 h (fermé le lundi).
- Du 1er novembre au 29 février : 10 h/12 h et 14 h/17 h (fermé le lundi).

Fermé les 1er janvier, 1er mai, 1er novembre et 25 décembre.
Visites pour les groupes toute l'année sur rendez-vous.

Enfin, Albi s'engage dans le XXIe siècle en valorisant la dimension culturelle et patrimoniale qui fait son identité.

Le musée Toulouse-Lautrec a été l'objet d'une restructuration ambitieuse de plus dix ans. Celle-ci a permis de redonner son authenticité aux espaces intérieurs du palais de la Berbie et de proposer des aménagements dignes de la collection qu'il conserve. En 2012, la réouverture du musée, qui marie désormais patrimoine et modernité, affirme sa renommée internationale et son prestige.

Le Grand Théâtre, salle de spectacle d'une facture résolument contemporaine due à l'architecte Dominique Perrault, a ouvert en 2014 sur la place où se situait le couvent des Cordeliers détruit après la Révolution. Ce bâtiment de briques et de verre enveloppé d'une dentelle de métal de couleur cuivrée constitue un geste architectural majeur dans le paysage urbain albigeois. Situé à proximité de la médiathèque Pierre Amalric ouverte en 2001, dont le très riche fonds comprend incunables et livres anciens mais s'ouvre également à la bibliophilie actuelle, il enrichit le potentiel culturel d'une ville ouverte sur l'avenir et qui affirme sa qualité et son attractivité.

Théâtre municipal

Saint-Salvi

De nos jours, cette collégiale, effacée par une architecture composite à la lecture complexe, semble vivre dans l'ombre de son imposante voisine, Sainte-Cécile.

Cependant, cette église a occupé un rang très important dans la ville médiévale. Elle est dédiée à saint Salvi, qui occupe le siège épiscopal d'Albi entre 574 et 584, et dont la famille, les Desiderii-Salvii, est l'une des plus importantes de la province à l'époque mérovingienne.

Sa partie la plus ancienne, une tour carrée édifiée au nord, a sans doute été à la fois conçue comme un clocher et comme une tour de guet, office qu'elle remplit jusqu'à la fin du XVe siècle. La construction de cette tour est immédiatement suivie de celle du chœur et du transept, achevés vers 1100. Puis, entre 1100 et 1120, on édifie la nef, Saint-Salvi devenant ainsi l'une des plus vastes églises de l'Albigeois à l'époque romane. D'importantes modifications et des restaurations sont intervenues sur ce premier ensemble.

Le portail qui ouvre sur la *plassa* est masqué au XIVe siècle par des boutiques et des bâtiments qui, aujourd'hui encore, ne permettent que très difficilement d'imaginer ce que fut la façade, dont le décor sculpté était probablement de grande qualité.

À la fin du XIVe également, on surélève en briques la tour romane afin d'y transférer les cloches. Tout au long des XIVe et XVe siècles, on modifie l'espace intérieur de l'église en créant des chapelles latérales sur les flancs sud et nord; puis au XVe on reprend la nef et le transept, en gardant cependant les supports romans, et on reconstruit le chœur. Cela explique la présence des baies flamboyantes dans les murs latéraux et le style gothique mé-

Le cloître de la collégiale Saint-Salvi, lieu paisible et imprégné de charme

ridional du sanctuaire, où Louis d'Amboise consacre un nouvel autel le 27 septembre 1490. C'est probablement lors de cette importante campagne de travaux qu'a également été édifiée la sacristie.

Un second ensemble de travaux intervient au XVIIIe siècle, sous la direction du prévôt Antoine de Metge, qui fait surélever les grandes arcades de la nef et percer le mur occidental, lui-même rehaussé, d'une rose. On lui doit par ailleurs la commande d'un nouvel orgue au facteur Christophe Moucherel. Enfin, c'est à cette époque que l'on dresse le baldaquin qui orne le chœur.

Le clocher carré de la collégiale Saint-Salvi est accosté d'une tour dite de la Gâche ou « gacholle », qui servait à faire le guet. Les trois étages de cette tour clocher correspondent aux élévations successives : la base en grès renforcé de bandes lombardes est romane ; elle est terminée par une rangée de dents en briques que surmonte une corniche au décor étoilé. Le second niveau, avec ses arcs tréflés s'appuyant sur des colonnes élancées et fines, est gothique. Enfin le dernier niveau est réalisé en briques. C'est au cours du XIIe siècle, à Albi, comme à Toulouse, que la brique remplace progressivement la pierre ; elle est employée systématiquement au XIIIe siècle.

La Révolution provoque d'importants dommages dans cet édifice, transformé en magasin à fourrage, que l'on envisage même un temps de transformer en halle couverte.

Rendue au culte au début du XIXe siècle, l'église doit donc être restaurée, les toitures autant que l'intérieur étant en très mauvais état. Lors de ces travaux, les chapiteaux de la nef sont refaits, de même que le dallage, le chœur est doté d'un soubassement de pierre sculpté par Nelli, les voûtes sont couvertes d'un enduit. À l'extérieur, le percement de la rue Mariès permet de dégager le long de Saint-Salvi un espace sur lequel sont construites des boutiques, qui achèvent d'étouffer toute perspective.

L'ensemble de ces interventions est tellement radical que l'État menace de déclasser le bâtiment. Cette mesure sévère n'est cependant pas appliquée et les restaurations entreprises

au XXe siècle tendent à faire retrouver aux lieux une plus grande authenticité.

À l'intérieur de la collégiale, on peut admirer quelques objets mobiliers d'un grand intérêt : un calvaire sculpté, probablement du XVIe, les statues de six prophètes qui accompagnent un Christ aux liens et semblent dater de la fin du Moyen Âge. La statue de saint Salvi placée au-dessus du portail nord est la copie d'une

œuvre, peut-être du XIVe siècle, malheureusement disparue récemment.

Le visiteur ne manquera pas de goûter la paix du cloître du XIIIe siècle accolé à cet édifice ; il n'en subsiste que la galerie méridionale, dotée d'une charpente restaurée. C'est une fois de plus la Révolution qui a irrémédiablement mutilé cet ensemble, deux ailes du cloître ayant alors été vendues comme biens nationaux. On connaît, et cela mérite d'être souligné, le nom du responsable du chantier : celui-ci, nommé Vidal de Malvezi, a marqué son œuvre en édifiant, avec l'autorisation des chanoines, un tombeau pour lui-même et pour son frère, le long du mur de l'église. On peut encore admirer cette chapelle de style gothique, ornée de sculptures représentant les frères Malvezi en adoration devant la Vierge.

Le jardin du cloître Saint-Salvi

Sainte-Cécile

La silhouette massive et intemporelle de la cathédrale Sainte-Cécile domine la cité, fièrement cambrée, comme la proue orgueilleuse d'un navire. D'où que l'on arrive à Albi, ce vaisseau de briques rouges surgit à la vue comme un signe de reconnaissance, comme le symbole exceptionnel d'une ville unique.

Dès sa prise de possession du siège épiscopal en 1277, Bernard de Castanet lance le projet d'édifier une cathédrale nouvelle. Celle-ci doit signifier la force de l'Église catholique dans une région qui vient d'être balayée par le vent de l'hérésie. Elle doit conforter l'autorité de l'évêque, dont le palais de la Berbie, légèrement antérieur, proclame également la puissance. Grâce aux revenus provenant de la dîme, l'évêque dispose de fonds importants; en outre, le chapitre de la cathédrale est l'un des plus riches de la région.

On commence donc à élever cet édifice à côté de l'ancienne église romane, dont il ne reste aujourd'hui aucune trace, en utilisant la brique, matériau local facile d'emploi et peu coûteux. Le vaste chantier progresse lentement et échoit aux successeurs de Bernard de Castanet (1276-1308), Béraud de Fargues (1313-1334), puis Bernard de Camiat. La peste noire qui ravage le royaume au milieu du XIVe marque un coup d'arrêt, puis les travaux reprennent. Un peu plus d'un siècle après leur lancement, la majestueuse cathédrale est achevée et une porte imposante est construite sur ordre de Dominique de Florence (1397-1410) au pied des escaliers qui conduisent à l'entrée. Louis d'Amboise (1474-1503) consacre l'église et reprend des travaux ambitieux en décidant de rehausser le clocher au-dessus de la nef jusqu'à 78 mètres. Puis, au début du XVIe siècle, l'entrée de Sainte-Cécile

en haut
Cathédrale Sainte-Cécile : l'avant-porte de Dominique de Florence

au milieu et en bas
Le clocher de Sainte-Cécile achevé en 1492 s'élève à 78 mètres

est couverte d'un baldaquin flamboyant prolongé par un vestibule de même style.

La sévérité toute militaire de cette extraordinaire basilique est ainsi soudainement rompue par cette dentelle de pinacles à crochets, de guillochages, de colonnes torsadées, dont le matériau lui-même, une pierre blanche, contraste avec le rouge de la brique. Ce foisonnement exubérant sert de transition entre l'austérité extérieure de Sainte-Cécile et sa splendeur intérieure.

La nef unique, ample, sans transept ni collatéraux, est caractéristique du gothique méridional ; ses dimensions sont impressionnantes : 97 mètres de long sur plus de 19 mètres de large et une élévation de 30 mètres. La voûte en croisée d'ogives s'appuie sur des contreforts intérieurs qui délimitent des chapelles latérales, dont la hauteur est limitée par une galerie réalisée au XVe siècle.

Le chœur, datant de l'épiscopat des Amboise (Louis I, 1474-1503, puis son neveu Louis II, 1503-1511), entièrement fermé par un jubé et une clôture, est conçu un peu comme une église à l'intérieur de la basilique. Le décor raffiné de la façade du jubé, le voûtement à clefs pendantes du porche qui conduit dans le chœur, les fines arcades de la clôture, couronnée d'une alternance de lys et de croix, constituent un ensemble luxuriant, d'une incontestable élégance et d'une grande virtuosité.

Le Jugement dernier : résurrection des morts, les réprouvés

L'art flamboyant explose ici dans l'audace et la richesse d'un vocabulaire décoratif qui, avec la plus étonnante des fantaisies, exprime toute la ferveur religieuse de l'époque. Le dais de la chaire épiscopale, dont l'élévation évoque celle d'un tabernacle, est une véritable dentelle de pierre. Le jubé est surmonté d'un crucifix autour duquel on trouve les statues de la Vierge et de Saint-Jean, dominant elles-mêmes Adam et Ève. La clôture du chœur présente une succession de niches abritant de remarquables statues de rois, de prophètes ou de personnages bibliques ; ceux-ci portent des phylactères où s'inscrivent des versets, qui trouvent une réponse sur ceux que portent les apôtres à l'intérieur du chœur. Ainsi, de part et d'autre de la clôture, s'instaure un dialogue entre Ancien et Nouveau Testament. On n'a pas encore identifié à ce jour le maître ou l'atelier qui est intervenu à Albi. Cependant, la finesse de la sculpture, la richesse des vêtements aux plis multiples, le réalisme et l'expressivité des visages, témoi-

LE TRÉSOR

L'aménagement du Trésor a été réalisé dans la salle qui, dès la fin du XIIIe siècle, a abrité objets précieux et archives du chapitre, et qui retrouve ainsi sa vocation d'origine. Une châsse de sainte Cécile, due à l'orfèvre parisien Placide Poussielgue-Rusand, évoque la sainte patronne de la cathédrale, dont on peut également voir un gisant dans la chapelle Sainte-Marguerite, copie de celui qui se trouve à Santa Caecilia à Rome, dû à Carlo Maderno. Deux œuvres y sont particulièrement remarquables : un polyptyque du XIVe provenant de l'oratoire Saint-Bernard, près de Lavagnola en Toscane, présentant des scènes de la vie de la Vierge au registre supérieur, et les épisodes de la Passion du Christ au registre inférieur ; la toile du XVIIe siècle, l'*Enfant Jésus remettant les clés à saint Pierre*, de l'atelier de Jacques Blanchard. Quelques pièces de statuaire gothique provenant de la collection Imart-Rachou donnée au musée Toulouse-Lautrec en 1969 ont été mises en dépôt et sont présentées au second niveau, avec des vêtements sacerdotaux et ornements liturgiques aux délicates broderies.

Le baldaquin

Les rues du quartier du Castelnau, au pied de Sainte-Cécile, proposent un point de vue exceptionnel sur la façade de la cathédrale : l'exubérante dentelle de pierre du baldaquin contraste avec la nudité grandiose du monument de brique

LE BALDAQUIN

On pénètre dans la cathédrale par un porche initialement à ciel ouvert, formé d'un baldaquin en pierre de style flamboyant édifié au XVIe siècle. Le riche décor sculpté de cet édifice tranche par son exubérance raffinée avec l'austérité de la brique, et s'affirme comme un espace de transition entre le monde sensible et le sacré.

de gauche à droite
Cathédrale Sainte-Cécile : porte de Dominique de Florence

Le baldaquin

gnent de l'intervention des meilleurs imagiers du temps, peut-être en collaboration avec des ateliers locaux, car il ne semble pas que l'on se trouve devant un style unique.

L'ampleur du mécénat des évêques d'Amboise fait ainsi d'Albi un merveilleux foyer artistique où viennent œuvrer de grands artistes. L'exigence de ces princes prélats les pousse par ailleurs à s'adresser à l'atelier d'un grand fondeur parisien, Jean Morant, pour le mobilier, lutrin et tabernacle qu'ils souhaitent dans leur cathédrale. Ces ornements ont de nos jours disparu.

La nef n'est pas moins admirable que le chœur : tout le fond de l'église est décoré d'une vaste fresque à la détrempe représentant le Jugement dernier. Il s'agit de la plus grande peinture réalisée dans le midi de la France au XVe siècle. Le thème, fréquent à la fin du Moyen Âge, période difficile et tourmentée, a probablement été illustré par un artiste du nord de la France, comme pourrait en témoigner le français utilisé pour les inscriptions.

L'ensemble est malheureusement incomplet : en effet, au XVIIIe siècle, l'évêque Le Goux de La Berchère, pour aménager une chapelle dans la base du clocher, fait percer une baie détruisant toute la composition centrale de ce Jugement dernier. Par référence à des œuvres semblables, on peut supposer que le Christ occupait cette partie centrale ordonnant l'ensemble. À sa droite, sur le registre du haut, les douze apôtres sont assis sur un trône ; ensuite viennent les élus, tout d'abord les personnages importants sur le registre médian, le pape accompagné de cardinaux, un évêque, l'empereur, un roi, les représentants des ordres mendiants, ainsi que des saints et des saintes. Enfin, sur le registre du bas, défilent les ressuscités, nus ; sortant de terre les mains jointes, ils rejoignent le cortège des élus qui portent sur la poitrine un livre ouvert où figure le récit de leur vie. À la gauche du Christ les réprouvés, frappés de terreur. Occupant tout le bas de la composition, l'enfer, où sont évoqués successivement les sept péchés capitaux et le supplice qui leur est attaché, avec une inscription qui précise l'image. La représentation de cet enfer dégage une impression de violence, d'épouvante ; les monstres qui tourmentent les damnés sont rendus avec une imagination fertile, les corps suppliciés se convulsent et s'entremêlent, sur les visages, les yeux hagards expriment l'effroi et l'horreur.

Une telle représentation du Jugement dernier était, à la fin du Moyen Âge, destinée à frapper l'imagination des croyants, répondant à une intention dogmatique qui impose le

ci-contre
La couleur ardente de la brique, son emploi par grandes masses planes, et le fin maillage des joints donnent à cette cathédrale une apparence particulière et unique

L'intérieur de Sainte-Cécile

a et e

Jubé et clôture de Sainte-Cécile constituent une « magnifique folie » selon Prosper Mérimée (1803-1870), inspecteur des Monuments historiques, qui a écrit dans ses *Notes d'un voyage dans le Midi de la France* : « On passerait des heures entières à considérer ces détails gracieux et toujours nouveaux, à se demander avec un étonnement sans cesse renaissant, comment on a pu trouver tant de formes élégantes sans les répéter, comment on a pu faire, avec une matière fragile, une pierre dure et cassante, ce que de nos jours on oserait à peine tenter avec du fer ou du bronze »

b et d

Le Jugement dernier : le collège des apôtres, des saints et des religieux domine celui des élus ressuscités

c Sculpture couronnant la chaire en marbre et stuc commandée par le cardinal de Bernis vers 1740 à des artistes italiens, Mazetti et Maderni

f Le buffet d'orgue dû au facteur Christophe Moucherel, 1734

g La nef unique de la cathédrale est représentative du gothique méridional

h Décor de la voûte : le Christ en majesté entouré des symboles des quatre évangélistes

e

f

a

Vidi mortuos magnos et pusillos stantes in conspectu throni et libri aperti sunt et alius

b

c

d

g

h

Le chevet de Sainte-Cécile, scandé par les contreforts hémi-cylindriques et appuyé sur une base talutée massive

contenu iconographique : ainsi on peut remarquer que la hiérarchie sociale qui règne sur terre est respectée au paradis. Plusieurs siècles après cependant, la découverte de cette peinture suscite encore une émotion très grande, qui n'est pas seulement esthétique mais fait appel également au mystique.

On change d'univers en déplaçant le regard vers les murs et vers la voûte : Louis II d'Amboise en a confié l'ornementation à des peintres italiens originaires de Modène et de Bologne, qui ont entrepris ce chantier entre 1509, date figurant dans la troisième chapelle au nord, et 1512, mention que l'on peut lire sur le mur occidental : *finis laus Domino 1512*. On se trouve ici en présence de l'ensemble de peintures italiennes le plus précoce qui ait été exécuté en France.

Les voûtes de la cathédrale sont conçues comme un ciel immense et bleu, sur lequel se développe un décor de rinceaux, d'arabesques, de candélabres, cadre de scènes au contenu pastoral : depuis le thème d'Adam et Ève jusqu'à l'Annonciation, sont représentés tous les personnages importants de l'Ancien et du Nouveau Testament, dans une ordonnance qui culmine avec le Christ en majesté. Deux travées mettent en image Sainte-Cécile, patronne du lieu.

Ainsi, tout le programme théologique de la nef s'exprime-t-il par ces décors peints des voûtes, qui prolongent la scène du Jugement dernier, mais dans une vision apaisée et lumineuse, propre à l'art italien.

Les tribunes ont été ornées d'un appareil de marbre et de motifs géométriques en trompe-l'œil, qui dissimulent tout un répertoire de figures et d'objets liturgiques parfois difficiles à déceler. Plusieurs peintres sont intervenus et ont écrit leur nom dans les décors ; c'est le cas de Giovani Francesco Dannela, originaire de Carpi, ville liée au duché de Milan alors occupé par les Français sous le commandement du frère de Louis II d'Amboise. Ainsi peut

s'expliquer le lien entre ces artistes italiens et l'évêque-mécène, dont les armes, bandes verticales rouges et jaunes et pals « d'or et de gueule » figurent en de nombreux endroits, intégrées dans le décor ornemental ou au sommet de la clôture. L'importance de ce grand personnage est de la sorte mise en valeur, ainsi que son rôle ecclésiastique et sa place de prince de l'Église aux côtés du pouvoir monarchique, évoqué par les fleurs de lys également visibles dans les peintures comme sur la clôture.

Si ces peintures et le jubé sont parvenus jusqu'à nous dans leur totale authenticité, en revanche l'architecture de Sainte-Cécile a subi, au XIXe siècle, des modifications qui ont transformé sa silhouette. À l'origine, en effet, la toiture du bâtiment débordait les murs, la charpente reposant directement sur la voûte. Le mauvais état de cette toiture amène à confier à César Daly, en 1844, une réflexion sur les travaux à envisager; ceux-ci commencent en 1854, consistant à surélever le comble de la nef et à y créer des terrasses étanches. Pour masquer ces nouvelles structures, les murs latéraux sont rehaussés, et le projet prévoit en outre un couronnement avec une balustrade de pierre, à l'image de celle du clocher, ainsi

Le chœur, statuaire du déambulatoire (de gauche à droite) :

– Jérémie dont le visage grave et marqué, le regard lointain, semblent exprimer une attente anxieuse

– Siméon : le réalisme et l'expressivité des traits, la vie du regard, témoignent de l'exceptionnelle qualité de cet ensemble statuaire

– Judith : l'une des 48 merveilles du pourtour du chœur : le fin visage aux yeux bridés est surmonté d'une curieuse coiffe dégageant le front en pointe. Le costume est particulièrement riche : la robe, fermée par des petits boutons, est ornée d'un col à festons et découvre des manches bouffantes et froncées. Les ornements témoignent d'une recherche importante dans le raffinement : un collier, une ceinture à chaînette affirment la préciosité de cette figure

que la construction de tourelles sur chacun des contreforts de la nef. Ces clochetons déclenchent de vives protestations parmi les Albigeois, et le projet est heureusement abandonné.

Néanmoins le couronnement actuel de la cathédrale, s'il accroît l'impression de puissance qu'elle dégage, alourdit sa masse imposante.

Telle qu'elle nous apparaît aujourd'hui, cette basilique colossale et prestigieuse se distingue comme une de ces réalisations qui, à travers les siècles, témoigne de la capacité de l'homme à se surpasser. Sous la lumière vive de l'été, avec le jour blafard d'un matin d'hiver, ou lorsque les derniers feux du soleil couchant dardent sur ses briques, Sainte-Cécile offre un spectacle sans cesse renouvelé, passant du rouge nuancé de grenat, au rose bleuté le plus délicat.

pages suivantes, de gauche à droite

Splendeur du décor des voûtes dont le programme iconographique illustre les béatitudes célestes

Le chœur de Sainte-Cécile compte cent vingt stalles qui étaient destinées aux chanoines du chapitre, aux vicaires, aux chapelains et aux diacres

PAX

Le palais de la Berbie

Le palais de la Berbie, qui jouxte la cathédrale, constitue avec celle-ci un ensemble homogène et unique d'architecture médiévale.

Fortifications du palais de la Berbie et rives du Tarn

ci-contre
Les jardins à la française dominés par l'élévation importante du donjon avec en arrière-plan les deux ponts qui enjambent le Tarn

page de droite
Palais de la Berbie : la courtine construite par Bernard de Combret, dont les niveaux supérieurs ont été détruits, et la formidable élévation du donjon constituée de deux ouvrages accolés, la tour Sainte-Catherine et la tour Saint-Michel

Son nom vient de *bisbia* qui, en langue d'oc, signifie évêché. Située entre Sainte-Cécile et le Tarn, cette forteresse voulue par Durand de Beaucaire, évêque de 1228 à 1254, puis par Bernard de Combret, évêque de 1254 à 1271, est à la fois destinée à résister à des attaques extérieures et à faire face à la ville. On a vu en effet combien l'équilibre entre le pouvoir communal, le pouvoir royal, et celui du seigneur-évêque a pu être fluctuant.

Le bâtiment, qui témoigne de la puissance de ces prélats, est édifié autour d'une cour d'honneur appelée *plathea palatii*, dans laquelle on pénètre par une porte percée sous la courtine – dont les niveaux supérieurs ont disparu – protégée autrefois par une herse et des mâchicoulis.

Bernard de Castanet, nommé en 1277, fait montre d'un caractère dominateur et ambitieux. Dès son arrivée, il lance le chantier de Sainte-Cécile et s'emploie dans le même temps à renforcer le château fort élevé par ses prédécesseurs. Il renforce la puissance du donjon en lui accolant une seconde tour ; l'ensemble constitué par la tour Saint-Michel et la tour Sainte-Catherine constitue la tour Mage. Cet édifice imposant, dont la partie supérieure a été détruite au nord, devait compléter l'aspect défensif et farouche de la bâtisse, accru par la réalisation, en direction du Tarn, de fortifications et de courtines. Ainsi terminée, la Berbie constitue l'une des forteresses les plus formidables de tout le Midi de la France. Réalisée en briques, avec des murs de plusieurs mètres d'épaisseur confortés par des contreforts hémi-

cylindriques (parti que l'on reprendra pour la cathédrale), elle est inexpugnable.

Les successeurs de ces évêques du XIIIe siècle arrivant à Albi dans des périodes moins agitées durent cependant trouver le lieu très austère car ils s'employèrent à l'agrémenter. Le premier d'entre eux, Louis d'Amboise (1474-1503), dont on a vu le mécénat actif pour Sainte-Cécile, construit sur l'ancienne courtine un corps de logis qui fait face à la ville ; ses fenêtres à meneaux, ses poivrières et ses hauts combles couverts d'ardoise rappellent l'architecture du val de Loire. Au XVIIe siècle, Gaspard de Daillon du Lude (1635-1676) élargit ce corps de bâtiment vers la cour et fait aménager un escalier monumental à volées droites pour accéder à ses nouveaux appartements. Il fait en outre orner la voûte de l'escalier de représentations des vertus cardinales imitant des peintures du Dominiquin, et s'adresse au peintre Roland Couplet pour

Henri de Toulouse-Lautrec, *Au salon de la rue des Moulins*, 1894. Huile sur toile, coll. musée Toulouse-Lautrec, Albi

page de droite
Henri de Toulouse-Lautrec, affiche *Jane Avril*, 1899. Lithographie, coll. musée Toulouse-Lautrec, Albi

décorer les plafonds à poutres de ses salons. Les embellissements se poursuivent avec son successeur, Hyacinthe Serroni (1678-1687), qui fait appel à Jean-Antoine Lombard pour réaliser les stucs qui transforment l'aspect de la chapelle des archevêques.

Le Goux de La Berchère (1687-1703) complète cette intervention en chargeant le peintre Rousselet, un Albigeois, de concevoir huit grandes toiles évoquant les saints des églises suffragantes de l'archevêché. On y remarque également saint Clair, premier évangélisateur d'Albi, et sainte Cécile. Dans le même temps, terrasses et balcons transforment le sévère château en un palais plus plaisant, où galeries, promenoirs et jardins à la française répondent au goût du XVIIIe siècle. On imagine ainsi volontiers le remarquable cardinal de Bernis, nommé archevêque à Albi en 1764 après avoir été ambassadeur à Venise, évoluant sous ces tonnelles ou dans ces appartements dont lui-même améliore le luxe et le confort.

La Révolution chasse ces images souriantes, mais le XIXe siècle ne bouleverse pas les lieux. La propriété de l'édifice est transférée au Département par décret impérial, et le palais de la Berbie, qui abrite alors la préfecture, le tribunal ainsi que les archives, est donné au Conseil général le 29 mai 1811.

Le musée Toulouse-Lautrec

En 1905, en application de la loi de séparation des Églises et de l'État, la Berbie cesse d'être une résidence épiscopale et le Département en cède la jouissance à la Ville afin qu'y soit réalisé un musée. Quelques collections d'art ancien et un fonds d'archéologie constituent l'amorce de celui-ci ; mais un développement soudain et exceptionnel lui est donné grâce aux libéralités de la comtesse et du comte de Toulouse-Lautrec, parents du peintre.

Né à Albi en 1864 dans l'hôtel du Bosc, Henri de Toulouse-Lautrec est l'un des artistes français les plus populaires, tant par son talent, que par sa personnalité. Il est en effet difficile de dissocier l'homme de son œuvre : handicapé au moment de l'adolescence par des fractures qui mettent en évidence une pathologie osseuse d'origine congénitale, Henri de Toulouse-Lautrec ne peut mener la vie d'un grand hobereau de province, descendant des comtes de Toulouse, à laquelle il était destiné. Le dessin, qui aurait pu n'être pour lui qu'un aimable passe-temps, devient le ressort essentiel de sa vie. Il

LE MUSÉE TOULOUSE-LAUTREC

- Palais de la Berbie
BP 100, 81003 Albi Cedex
Tél : 05 63 49 48 70/Fax : 05 63 49 48 88
conservation@museetoulouselautrec.com

- **Jours et horaires d'ouverture :**
  - Janvier : tous les jours sauf le mardi, 10 h/12 h et 14 h/17 h.
  - Février/mars : tous les jours sauf le mardi, 10 h/12 h et 14 h/17 h 30.
  - Avril/mai : tous les jours, 10 h/12 h et 14 h/18 h.
  - Du 1er au 20 juin : tous les jours, 9 h/12 h et 14 h/18 h.
  - Du 21 juin au 30 septembre : tous les jours, 9 h/18 h sans interruption.
  - Octobre : tous les jours sauf le mardi, 10 h/12 h et 14 h/18 h.
  - Novembre/décembre : tous les jours sauf le mardi, 10 h/12 h et 14 h/17 h 30.

  Fermé les 1er janvier, 1er mai, 1er novembre et 25 décembre.

- **Location d'audioguides** : présentation d'une cinquantaine d'œuvres d'Henri de Toulouse-Lautrec en versions française, anglaise, italienne, allemande et espagnole.
Réservation de groupes (scolaires et autres) : service des publics : Tél : 05 63 49 48 95/
Fax : 05 63 49 48 88.
Pour toute **information** sur les manifestations et sur le circuit de visite, consulter le site : www.musee-toulouse-lautrec.com

Lautrec, et de Gabriel Tapié de Céleyran, cousin du peintre, elle s'adresse à la Ville d'Albi.

Des galeries sont aménagées dans les salles du palais de la Berbie, et inaugurées le 30 juillet 1922. Quelques dons et des achats de la Société des amis du musée sont venus enrichir ce premier ensemble, faisant de la collection du musée d'Albi la plus importante collection publique au monde autour du peintre Henri de Toulouse-Lautrec. Les touristes et amateurs, en nombre sans cesse croissant, viennent de tous les pays découvrir les 215 peintures qui y sont présentées, l'ensemble des 31 affiches conçues par l'artiste, ainsi qu'un fonds remarquable de dessins et de lithographies.

Cependant, à l'horizon du XXIe siècle, le musée n'était plus à même de remplir ses missions de conservation et de mise en valeur des collections, ni de répondre aux attentes des visiteurs. Un ambitieux programme de restructuration et d'extension a été engagé par l'État et par les collectivités locales afin d'affirmer et de retrouver la qualité de l'édifice ancien, mais aussi d'intégrer les équipements indispensables à une muséographie moderne. Retenu en 1997, le cabinet Dubois a conduit ces travaux, commencés en 2001 en coordination

page de gauche
Henri de Toulouse-Lautrec, *Marcelle Lender*, 1895. Lithographie, coll. musée Toulouse-Lautrec, Albi

ci-contre
Henri de Toulouse-Lautrec, *Femme qui tire son bas*, 1894. Huile sur carton, coll. musée Toulouse-Lautrec, Albi

peint et dessine pour échapper tout d'abord à ce corps qui l'a trahi, puis bientôt par passion pour ce moyen d'analyse de la société où il vit. Installé à Montmartre, il devient le peintre des bals populaires, des filles de joie, des acteurs et actrices, du monde du spectacle et de la nuit. Mais il est avant tout l'un des plus remarquables portraitistes de tous les temps, et, à travers le milieu marginal qui l'inspire, le témoin sensible et l'observateur sans concession de la nature humaine. Par cela même, son œuvre devient intemporelle et atteint au génie.

À sa mort, en 1901, l'essentiel de son œuvre se trouve dans son atelier. Sa mère, souhaitant que cet ensemble exceptionnel ne soit pas dispersé, veut donner toiles et dessins à une institution publique qui pourra perpétuer la mémoire de ce fils qu'elle a tendrement aimé. Sur les conseils de Maurice Joyant, ami d'enfance de

Palais de la Berbie, promenade du rempart

Tour dite de la Rivière

Palais de la Berbie, promenade du rempart, perspective sur le Pont-Vieux et le Pont-Neuf

avec l'architecte en chef des Monuments historiques et le conservateur de l'établissement. Un musée rénové et résolument contemporain, au parcours clair et didactique favorisant la lisibilité des œuvres et le dialogue entre le contenu muséographique et les espaces historiques, ouvre ses portes en 2012.

La visite propose une découverte de l'œuvre de Toulouse-Lautrec dans sa diversité. Le parcours commence dans la salle basse, à l'architecture en voûte d'ogive, où est évoquée l'iconographie de l'artiste et sa silhouette bien connue, dont un beau tableau de Vuillard donne une image amicale et précise. Puis on peut admirer les premiers dessins et tableaux de l'adolescent, qui s'inspire de son environnement familial, chevaux, scènes de vendanges à Céleyran, le domaine de la famille de sa mère, paysans du Bosc, le château des Toulouse-Lautrec, mais aussi des études d'atelier illustrant les premières étapes de sa formation parisienne.

Les portraits des proches ou des amis permettent ensuite de souligner l'omniprésence du sujet humain dans son œuvre. Les traits mélancoliques de sa mère, la comtesse de Toulouse-Lautrec, la nonchalance élégante de son cousin Gabriel Tapié de Céleyran, ou la puissante silhouette de l'ami fidèle, Maurice Joyant, témoignent ainsi de la pertinence et de la pénétration d'analyse avec lesquelles il restitue une vérité inscrite dans une attitude, une posture, un visage.

Une salle consacrée à la prostitution propose sa vision d'un univers qu'il observe sans jugement moralisateur. Lautrec restitue dans des transpositions plastiques magistrales le quotidien de cet univers clos, dont il écarte le client, concentrant son attention sur les femmes de maison.

LES PAVEMENTS DU PALAIS DE LA BERBIE

La restructuration du musée Toulouse-Lautrec a permis de réhabiliter des espaces du palais qui n'étaient pas utilisés et dont l'état se dégradait, de remettre en valeur les salons d'apparat, mais aussi de découvrir des vestiges architecturaux conduisant à préciser l'histoire du bâtiment. Ainsi, dans la grande salle située à la base du donjon, ou tour Mage, a été mis au jour un pavement de terre cuite à décor vernissé daté du XIIIe siècle, dont on devine encore sur les bordures les décors estampés aux motifs de bestiaire ou d'héraldique. De semblables éléments ont été trouvés dans les combles de l'escalier d'honneur, ainsi qu'au-dessus de la chapelle Notre-Dame, espaces qui ne sont pas accessibles au public. Le caractère exceptionnel de cet ensemble, et l'intégrité du pavement du donjon, ont conduit à proposer de laisser en l'état une salle dont on pense qu'elle a pu abriter le tribunal de l'Inquisition, comme un témoignage fort et remarquable de l'histoire de cette prestigieuse résidence épiscopale.

La découverte de Montmartre a conduit le peintre vers une thématique qui l'éloigne de sa formation académique et l'amène à élaborer des procédés picturaux qui servent le milieu qu'il va décrire. Au premier étage, nous revivons cette nuit parisienne à travers les vedettes qu'il immortalise, *Aristide Bruant, la Goulue, Jane Avril* ou *Yvette Guilbert*. Le Paris « fin de siècle » s'anime sous nos yeux grâce aux huiles sur carton enlevées d'un pinceau élégant et nerveux, ou aux affiches universellement connues dont le musée conserve l'intégralité.

Les qualités de coloriste de Lautrec sont illustrées par la palette vibrante de *L'Anglaise du Star*, et sa fascination pour l'éternel féminin transparaît dans le profil de *La Modiste*, ode à la beauté féminine bâtie sur les effets de clair-obscur. Les dernières œuvres, peintes en 1900 et 1901, frappent par leur empâtement et leurs tonalités plus sombres.

Par sa maîtrise de la ligne, la hardiesse de ses cadrages et de ses compositions, par ses innovations dans le domaine de l'affiche et de la lithographie, Henri de Toulouse-Lautrec occupe une place déterminante dans l'évolution de l'art du XIXe siècle. La collection de ce musée qui lui est consacré illustre de façon exemplaire ses apports à la modernité.

Le deuxième étage permet de poursuivre la découverte de l'art post-impressionniste, grâce à des collections évoquant des artistes qui ont été contemporains ou amis de Toulouse-Lautrec : Paul Gauguin, Émile Bernard et l'école de Pont-Aven, Paul Sérusier et Maurice Denis, du groupe des Nabis, ainsi que Pierre Bonnard. Les grandes écoles du début du XXe siècle sont également représentées, le fauvisme avec Matisse, Marquet, Vlaminck et Dufy, l'expressionnisme illustré par Georges Rouault, et de façon plus générale, ce que l'on a appelé les peintres de la Réalité poétique et de l'École de Paris. Des artistes contemporains liés à la région sont présents à travers quelques toiles de qualité, telles celles de Max Savy, d'Espic, Yves Brayer ou Jules Cavaillès.

L'entrée actuelle du palais de la Berbie a été ouverte à la mi-XXe siècle avec la création d'un escalier entre 1941 et 1943 par l'architecte Kaerhling. La brique foraine employée pour édifier la forteresse et la cathédrale donne son unité à cet ensemble épiscopal monumental dont la cohérence est renforcée par un même vocabulaire formel de contreforts hemi-cylindriques ; le gigantisme de ces monuments offre au regard un paysage urbain particulièrement remarquable

Index des noms de lieux et de personnes

Le clocher de Sainte-Cécile depuis la rue du Castelviel

Crédit photographique

Les reproductions de tableaux des pages 70 à 73 et de la quatrième de couverture sont de F. Pons, musée Toulouse-Lautrec, Albi, Tarn.

Les photographies des pages 24 (à gauche), 32 (à droite), 33 (en haut à droite), 40 (en bas), 42 (en haut), 65 et 67 sont de Guy-Marie Renié et Bertrand Cabrol.

Cartographie

Les cartes des circuits découverte des pages 78-79 sont de la Ville d'Albi.

La carte générale de la page 80 est de Patrick Mérienne.

Les rives du Tarn en face du palais de la Berbie

Table des matières

La Cité épiscopale

1 La Cité épiscopale
2 La place de la Trébaille
3 La Temporalité
4 Le palais de la Berbie (construction)
5 Le palais de la Berbie (embellissement)
6 La cathédrale Sainte-Cécile
7 La place Sainte-Cécile

Le Castelviel

1 Le Castelviel
2 Le clocher de l'église Saint-Loup – la fresque du Bicentenaire
3 La place du Château
4 Les arches et arcades

1 Le Castelnau
2 La rue Caminade
3 Résidence le Castelnau
4 La maison du Vieil Alby
5 L'hôtel Séré de Rivières
6 La maison du navigateur Lapérouse
7 La fontaine de Verdusse
8 La place Lapérouse

Le Castelnau

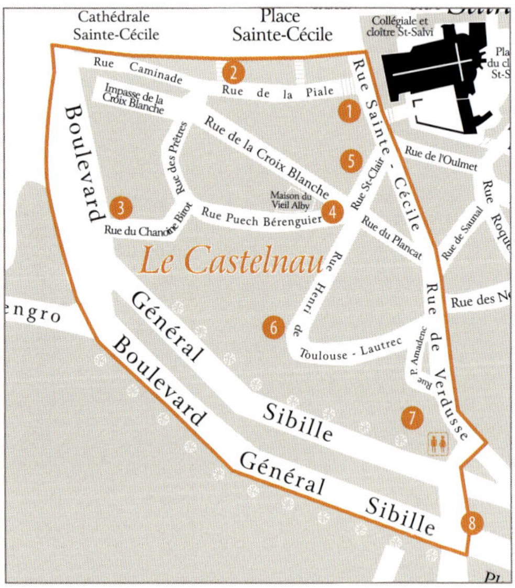

Les berges du Tarn

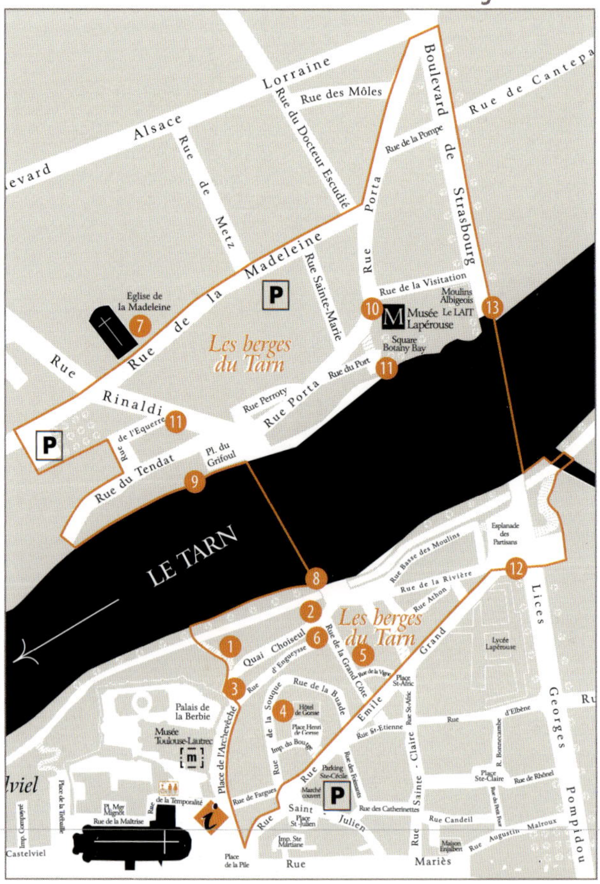

Le bourg Saint-Salvi

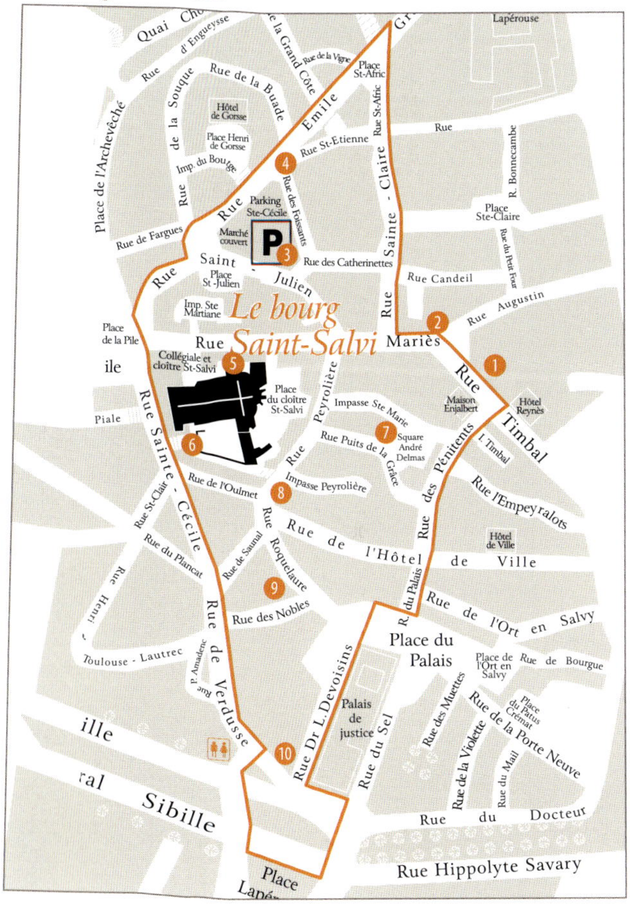

Lices-Vigan

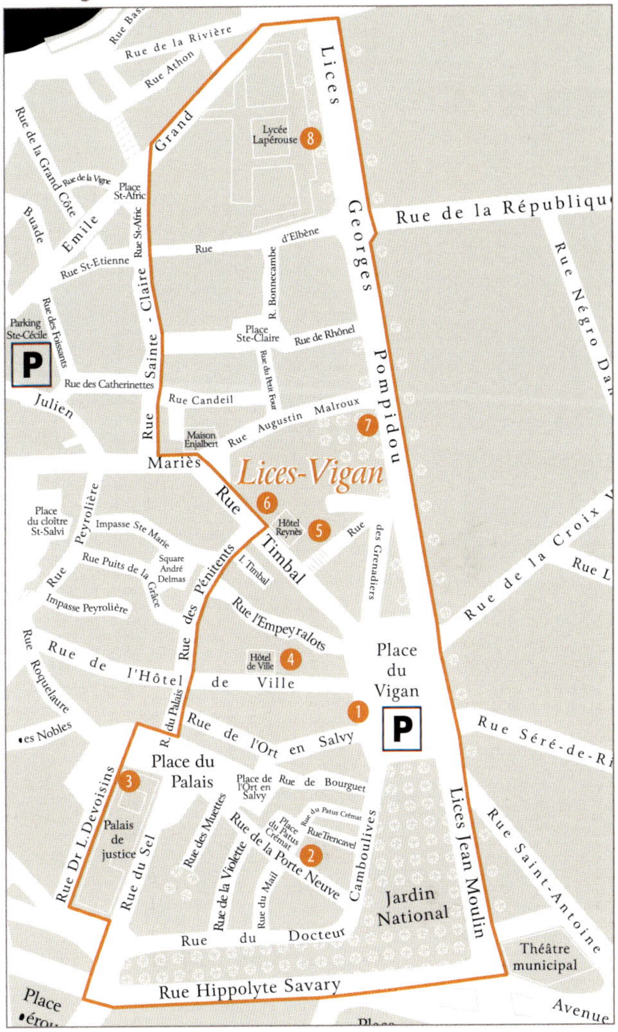

1 La maison Enjalbert
2 La rue Mariès
3 Le marché couvert
4 La maison romane
5 La collégiale Saint-Salvi
6 Le cloître Saint-Salvi
7 Le square André-Delmas
8 L'hôtel de Saunal
9 L'hôtel des Ambassadeurs
10 La maison de l'Amitié

1 La place du Vigan
2 Le *Patus Cremat*
3 Le palais de Justice
4 L'hôtel de ville
5 L'hôtel Reynès
6 Le pastel
7 L'hôtel de Préfecture
8 Le lycée Lapérouse

1 Les berges du Tarn
2 Le quai Choiseul
3 L'escalier de la Veyre
4 L'hôtel de Gorsse
5 La rue de la Grand-Côte (fontaine du Buc)
6 Le n° 2 rue de la Grand-Côte
7 L'église de la Madeleine
8 Le Pont-Vieux
9 Le Tarn, rivière capricieuse
10 Le musée Lapérouse
11 Les Moulins albigeois
12 Le Pont-Neuf
13 Le panorama d'Albi d'hier et d'aujourd'hui

Les circuits de découverte
des quartiers d'Albi

Du Castelviel aux berges du Tarn, du cœur historique de la Cité épiscopale à la place du Vigan, six parcours de promenade permettent une visite au gré des flâneries. Un plan est disponible à l'office de tourisme, place Sainte-Cécile, ainsi que des audioguides pour qui souhaite accompagner sa déambulation d'un commentaire.

La photogravure est de ISOKEA à Anglet (64).
Ce livre a été imprimé par Loire Offset Titoulet à Saint-Étienne (42).

ISBN : 978-2-81770-122-6
Éditeur : 32000.02.03.06.14